运城博物馆 编

与华相宜

YU HUA XIANGYI

——晋南西阴文化

JINNAN XIYIN

JINNAN XIYIN WENHUA

山西出版传媒集团
三晋出版社

《与华相宜——晋南西阴文化》编辑委员会

主　　　编：周文全

副　主　编：杨高云

顾　　　问：田建文

执行副主编：朱识斌

编　　　辑：朱识斌　师　莹　扈亚改　苏　翔

设　　　计：杨　琦　张　楠

摄　　　影：刘　贞

图录支持单位

吉林大学考古学院
山西博物院
山西省考古研究院（山西考古博物馆）
运城市文物保护中心

前言

中共中央总书记习近平2020年9月28日在中央政治局第二十三次集体学习时强调，高度重视考古工作，努力建设中国特色、中国风格、中国气派的考古学，更好认识源远流长、博大精深的中华文明，为弘扬中华优秀传统文化、增强文化自信提供坚强支撑。在中国考古学诞生百年之际，这正是对考古学终极学术关怀赋予的最深邃的时代解读。

作为中国学者第一次独立主持的田野考古，山西夏县西阴村遗址，不仅仅是空间层面的地理坐标，更是新时代文博考古工作者的精神灯塔，也成为了更多人在『希望的田野上』探寻未知、揭示本源，不断迈向『诗和远方』的文化图腾。

西阴文化距今约6000年至5200年，发源于晋陕豫交界处，是黄河流域东西方文化交流的产物，形成之后迅速扩张，鼎盛时期文化遗存东起豫中平原，西至青海东部，南抵汉水中游，北达河曲地带，分布地域极广，影响所及奠定了先秦中国的空间基础。

从这个意义上来说，西阴文化是最早中国的故乡。

目录

01

02

03

文明曙光　源发西阴

85

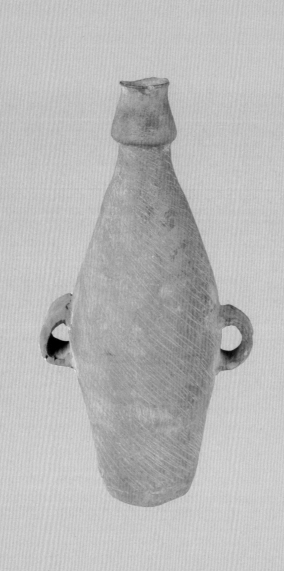

中西合作　发掘西阴

1926年2月5日到3月26日，从西方留学回来的李济、袁复礼依据古史记载在山西南部汾河流域进行考古调查，3月24日发现了西阴村遗址，之后清华学校与美国弗利尔艺术陈列馆合作决定发掘西阴村遗址。1926年10月15日，当李济、袁复礼再次踏入西阴村遗址，定好基点、布方，接着挖起第一锹土的时候，这短暂的片刻成为历史的永恒。西阴，是为增进知识的考古，筚路蓝缕，恩泽后学，百载伟绩，由此奠基……

安特生

安特生，瑞典地质学家。1914年，受聘担任北洋政府农商部矿务顾问，在华工作长达12年，称中国为"第二祖国"。1921年10月27日至12月1日，他主持发掘了河南渑池仰韶村遗址，这是中国境内的第一次正式考古发掘。1923年发表了《中华远古之文化》一文，认为仰韶遗址的发现证明中国存在史前文化，并且中国文化的根可以追溯到仰韶文化时代，同时提出彩陶是来自较早的中亚土库曼一带。

为了证明西方彩陶早于甘肃，甘肃彩陶早于河南的交通线路，他从1923年6月起，用了18个月的时间，在甘肃、青海进行考古活动，1925年写成了《甘肃考古记》，将甘青地区的古文化分为齐家期、仰韶期、马厂期、辛店期、寺洼期、沙井期6期，这就是安特生的"中国文化西来说"。

李　济

"中国文化西来说"极大地刺激了中国的学术界，唤起了中国知识分子的文化自觉。这就是李济发掘西阴村遗址的时代背景和主要原因，也直接导致了他开始从古人类学家到中国考古学之父的转变。

李济（1896 年—1979 年），字济之，湖北钟祥人，中国考古学之父，1918 年留学美国，先后在麻省克拉克大学、哈佛大学就读，获哲学博士学位。著有《西阴村史前的遗存》《殷墟器物甲编·陶器》上辑、《李济考古学论文集》等。

20 世纪 20 年代的西阴村

1926 年 2 月 5 日到 3 月 26 日，李济和袁复礼在山西南部汾河进行了考古调查。李济《西阴村史前的遗存》曾这样描述："近几年来，瑞典人安特生考古的工作已经证明中国北部无疑的经过了一种新石器时代晚斯（编者注：期）的文化……这文化的来源以及它与历史期间中国文化的关系是我们所最要知道的……我们的急需是要把这问题的各方面，面面都作一个专题的研究。这个小小的怀抱就是我们挖掘那夏县西阴村史前遗址的动机。"

1926 年西阴村遗址发掘现场

1926 年 10 月 15 日到 12 月初，清华学校国学研究院与美国弗利尔艺术陈列馆合作，由李济先生和袁复礼先生主持发掘了山西夏县西阴村遗址，开辟了中国学者独立主持考古发掘工作的先河。

西阴文化，有学者称其为"仰韶文化西阴类型"或者"仰韶文化庙底沟类型""庙底沟文化"。需要说明的是：一、西阴村是中国考古学家第一次独立主持的田野考古工作，时间早于庙底沟；二、西阴遗址的再次发掘获得了丰富的文化遗存，使其具备了作为标尺的前提；三、庙底沟是"庙底沟二期文化"命名的典型遗址，也不如西阴村遗址文化单纯。

西阴文化的典型陶器以盆、罐（瓮）、尖底瓶、钵（钵形甑）为大宗，另有少量的釜（釜形鼎）、灶、杯、器盖与器座。陶质可以分泥质、夹砂两大类，陶色大体分为红（褐）、灰两大类。

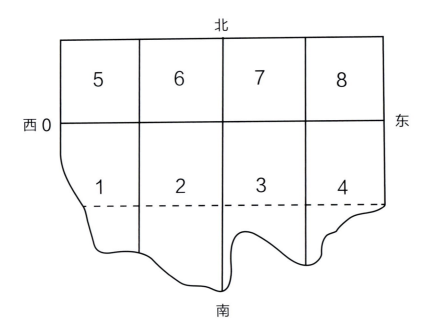

0＝起点，1，2，3……7，8＝探方编号

1926 年西阴遗址的发掘平面图
就结果而言，我们可以说发据（编者注：掘）这一遗址所用的方法未免过于琐。但是因为在西阴村遗址发掘以前所有各次中国新石器时代遗址的发掘工作都是草率从事，从科学观点上，确可以说至少有一次精密的发据（编者注：掘）了。——梁思永《山西西阴村史前遗址的新石器时代的陶器》

西阴人生活中会使用不同种类的陶器。取水（酿酒）用尖底瓶、平底瓶，盛放物品用盆、钵、杯，储存粮食用缸、罐，做饭用釜、釜形鼎、甑，作为工具使用的有陶球、纺轮、陶饼等。

陶 釜

仰韶中期

运城市夏县西阴村遗址出土

口径 15.5、肩径 26.4、高 7.6 厘米

运城博物馆藏

灰陶。方唇，敛口，折肩略耸，圜底，肩部有数周弦纹。

陶　罐

仰韶中期
运城市夏县西阴村遗址出土
口径 34、高 27.5 厘米
山西省考古研究院藏

红褐陶，部分泛灰。尖唇，口近直，最大径在肩部，腹急收，器表饰散乱线纹。

陶 钵

仰韶中期

运城市夏县西阴村遗址出土

口径 29、底径 14.5、高 18.5 厘米

运城博物馆藏

红陶。敛口，折沿，尖唇深腹，底略内凹，素面未磨光。

陶　钵

仰韶中期

运城市夏县西阴村遗址出土

口径 15.2、高 5.1 厘米

山西省考古研究院藏

红陶。尖圆唇，口微敞，浅腹，圜底，素面。

陶　钵

仰韶中期

运城市夏县西阴村遗址出土

口径 15.5、底径 6.5、高 6 厘米

山西省考古研究院藏

红陶。尖圆唇，敞口，浅腹，底略内凹，素面。

陶 钵

仰韶中期

运城市夏县西阴村遗址出土

口径 15、底径 6.3、高 7.7 厘米

山西省考古研究院藏

红陶。尖圆唇，敛口，口部不大规整，底内凹，素面。

陶 钵

仰韶中期

运城市夏县西阴村遗址出土

口径 27.5、高 13.9 厘米

山西省考古研究院藏

红陶。尖圆唇，敛口，底略内凹，素面。

陶　钵

仰韶中期

运城市夏县西阴村遗址出土

口径 20.9、底径 16.8、高 10.1、圈足高 0.8 厘米

山西省考古研究院藏

红陶。尖唇，浅腹，矮假圈足，壁较厚，素面，未磨光。

陶　钵

仰韶中期

运城市夏县西阴村遗址出土

口径 24.7、底径 11.6、高 12.2 厘米

山西省考古研究院藏

灰陶。尖圆唇，敛口，素面。

陶　钵

仰韶中期
运城市夏县西阴村遗址出土
口径 17.2、高 7.7 厘米
山西省考古研究院藏

红陶。尖圆唇，敛口，底残，素面。

陶　钵

仰韶中期
运城市夏县西阴村遗址出土
口径 25、底径 12.5、高 12.9 厘米
山西省考古研究院藏

红陶。尖圆唇，敛口，腹略深，底内凹，素面。

陶　钵

仰韶中期

运城市夏县西阴村遗址出土

口径 20.5、底径 11、高 10.5 厘米

山西省考古研究院藏

红陶。尖圆唇，敛口，素面。

陶　钵

仰韶时期

运城市夏县西阴村遗址出土

口径 27.5、底径 11.6、高 11.7 厘米

运城博物馆藏

曲腹钵

仰韶中期

运城市夏县西阴村遗址出土

口径 14.5、底径 7.4、高 16 厘米

山西省考古研究院藏

灰陶。尖圆唇，敛口，曲腹，素面。

陶　盆

仰韶中期

运城市夏县西阴村遗址出土

口径 35.6、底径 14.8、高 15.8 厘米

山西省考古研究院藏

红陶。圆唇，折沿，腹较深，素面。

陶 盆

仰韶中期

运城市夏县西阴村遗址出土

口径 33.6、底径 14、高 15.5 厘米

山西省考古研究院藏

红褐陶。圆唇，卷沿，腹较浅，素面。

陶 盆

仰韶中期

运城市夏县西阴村遗址出土

口径 23.6、底径 7.8、高 8.6 厘米

山西省考古研究院藏

红陶。圆唇，卷沿，腹较浅，素面。

陶　盆

仰韶中期
运城市夏县西阴村遗址出土
口径 26.3、底径 14、高 8.5 厘米
山西省考古研究院藏

红陶。圆唇，折沿，敞口，浅腹，素面。

冠耳盆

仰韶中期

运城市夏县西阴村遗址出土

口径 30.5、底径 16、高 22.8 厘米

运城博物馆藏

灰陶。敞口，深腹，沿下残留刮削痕迹，上腹部有对称鸡冠耳。

冠耳盆

仰韶中期

运城市夏县西阴村遗址出土

口径 40.4、底径 25.2、高 22.4 厘米

运城博物馆藏

灰陶。敞口，尖圆唇，腹较深，上腹部有对称鸡冠耳。

冠耳盆

仰韶中期
运城市夏县西阴村遗址出土
口径30、底径14、高15.2厘米
运城博物馆藏

红陶。尖唇，斜沿较窄，口微敛，深腹。出土时为半个残盆，内有较厚一层红色颜料，推测是破碎后又被作为调和颜料的容器。

器　盖

仰韶中期

运城市夏县西阴村遗址出土

口径 23、高 11.1 厘米

山西省考古研究院藏

灰褐陶。覆钵形，敞口，浅腹，顶部近平，盖顶部有桥形捉手。

器　盖

仰韶中期

运城市夏县西阴村遗址出土

口径 15、高 8 厘米

山西省考古研究院藏

红褐陶。尖唇，敞口，浅腹，顶部近平，盖顶部有桥形捉手。

器 盖

仰韶中期

运城市夏县西阴村遗址出土

口径 30、高 11 厘米

运城博物馆藏

灰褐陶。敞口，圆唇，有明显唇沿，捉手与盖连接处两侧均有小泥饼装饰。个体较大。

器 盖

仰韶中期

运城市夏县西阴村遗址出土

口径 32、高 6 厘米

运城博物馆藏

灰褐陶。敞口浅腹覆钵形，顶部有两个圆孔，推测是穿系绳索提梁。个体较大。

陶　缸

仰韶中期

运城市夏县西阴村遗址出土

口径 35.2—40、底径 21.6、高 30.8 厘米

运城博物馆藏

红陶。厚圆唇，微外凸沿，近直口，斜直腹，平底，素面，未磨光。因烧制过程中变形口部呈椭圆形。

尖底瓶

仰韶中期

运城市垣曲县下马遗址出土

口径 9.1、腹径 25、残高 66.1 厘米

山西省考古研究院藏

红陶。重唇口，细颈，溜肩，束腰，近底残，形体瘦长，口部以下饰斜向细线纹。尖底瓶是仰韶时代具有代表性的器物，其功能有"汲水说""背水说""灌溉说"等推测。最新研究成果认为尖底瓶很可能是一种酿酒的器具。著名考古学家苏秉琦先生将尖底瓶命名为"酉瓶"，认为尖底瓶是盛装祭祀礼仪用酒的特制陶器。

葫芦口瓶

仰韶中期
运城市夏县西阴村遗址采集
口径 4.5、底径 9.6、高 42.5 厘米
运城博物馆藏

红陶。口部呈葫芦口状，尖圆唇，溜肩，腹中下部微鼓，腹部有双桥形耳，平底，口以下饰斜线纹。在西阴村遗址发掘中，葫芦口瓶与尖底瓶伴生出土。

葫芦口瓶（残）

仰韶中期
运城市夏县西阴村遗址出土
残高 27.4 厘米
山西省考古研究院藏

红陶。口残，溜肩，腹部近肩部处有双桥形耳。

彩陶蚕茧 成就西阴

西阴所在的晋陕盆地是全国十大盆地之一，这里自然条件优越，水源充足，是理想的定居之地。公元前4000年东亚季风南撤，黄河流域发生显著气候变化，更加适宜多种农作物栽培；农业生产工具的进步、蚕桑业的兴起以及花卉纹彩陶的传播，为史前人口增长和文化交流互鉴提供了物质基础。西阴先民们在环壕村落里生活，烧荒种植收获，采集捕鱼狩猎，日出而作，日落而息，迎接即将开启文明之门的时刻……

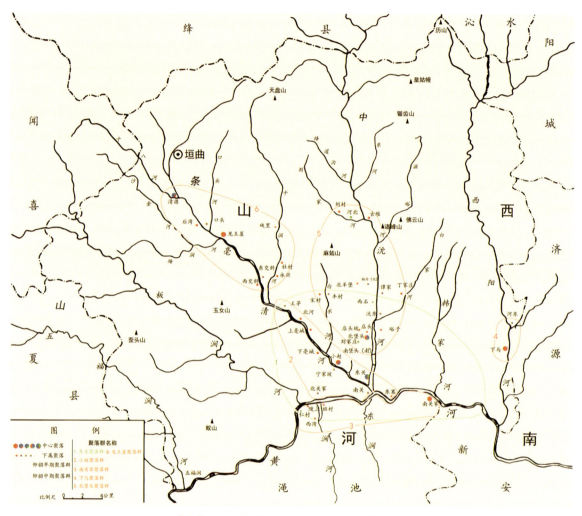

垣曲盆地仰韶早中期聚落群分布

据考古调查发现，西阴文化时期垣曲盆地的聚落有 39 处，其中面积最大的是 30 万平方米的北堡头，小赵、下马村、龙王崖和南关家都在 9—10 万平方米。

夏县师村遗址西南距盐池约7千米，是目前大规模发掘的距离盐池最近的仰韶早期聚落遗址。2019至2020年，吉林大学考古学院等单位对师村遗址进行了考古发掘，发现了丰富的枣园文化至东庄类型时期遗存，对研究晋南地区新石器时代仰韶早期向西阴文化的演化过程及其与周边文化区的关系具有重要意义。

石雕蚕蛹

仰韶早期
运城市夏县师村遗址出土
长约3、宽约1.3厘米
吉林大学考古学院发掘出土

石雕蚕蛹采用中条山常见的绿帘花岗岩制成，形态逼真，造型精美。整体呈黄褐色带有天然黑褐色斑点，通体刻有螺旋状的横向弦纹，使用简洁的刻划纹勾勒出蚕蛹的头和尾部，形态酷似现代的家桑蚕蛹，但较小。

师村遗址出土的4枚仰韶早期石雕蚕蛹，是我国目前发现的年代最早的石雕蚕蛹形象。师村遗址发现的仰韶早期石雕蚕蛹及其共生关系和文化属性显示，距今6000年以前，地处黄河中游的运城盆地先民们已经了解、喜爱并崇尚桑蚕。这是仰韶早期养蚕和丝绸起源的重要线索。

半个蚕茧

运城市夏县西阴村遗址出土
长约 1.36、茧幅约 1.04 厘米

现珍藏在台北"故宫博物院"。几十年来，只在 1995 年纪念李济百岁诞辰之际当作特展品展出过一次（六十四小时）。"这个发现替我们辟了一条关于在中国北部史前研究的新途径。中国有历史就有关于蚕业的记载；它是中国文化的一个指数，较之安特生所说的陶鼎与陶鬲尤为可靠。"

用显微镜考察，这茧壳已经腐坏了一半，但是仍旧发光；那割的部分是极平直……与那西阴村现在所养的蚕茧比较，它比那最小的还要小一点。这茧埋藏的位置差不多在坑的底下，它不会是后来的侵入，因为那一方的土色没有受扰的痕迹。——李济《西阴村史前的遗存》

石纺轮

仰韶中期

运城市夏县东下冯遗址采集

高 3.5 厘米

运城博物馆藏

石纺轮

仰韶中期

运城市垣曲县苗圃遗址出土

直径 4 厘米

山西省考古研究院藏

陶纺轮

仰韶中期
运城市垣曲县苗圃遗址出土
直径 5.8 厘米
山西省考古研究院藏

　　纺轮是原始先民纺线捻纱的工具。在纺轮中心孔内插入捻杆，利用纺轮自身重量连续旋转，能够提高纺线效率。麻棉织品作为以植物纤维为主的生活饰物很难保存。而能够跨越千年时空，用以见证史前纺织历史的正是新石器时代已经开始出现的纺轮。

　　距今约 6000 年到 5200 年，以山西夏县西阴村、河南陕县庙底沟、陕西高陵杨官寨以及华县泉护村等遗址为代表的西阴文化彩陶空前发展，成为中国史前彩陶艺术发展的一座高峰。在陕晋豫交界地带兴起的彩陶，制作精良、形制规范、纹样风格统一，映射着先民的精神世界和文化观念，在某种程度上可以将其视为中国早期的礼器，是统一化、秩序化思想的器用表达。

彩陶钵

仰韶早期

运城市夏县西阴村遗址出土

口径 30.6、高 14.5 厘米

运城博物馆藏

红陶。直口，深腹，圜底，器身表面磨光，口沿外壁饰一周规整的黑彩宽带。

彩陶钵

仰韶中期

运城市夏县西阴村遗址出土

口径 24.8、底径 11.2、高 11.5 厘米

山西省考古研究院藏

红陶。口沿及上腹部饰勾叶、长线及圆点纹黑彩。

彩陶钵

仰韶中期

运城市夏县西阴村遗址出土

口径18、底径6、高6.5厘米

运城博物馆藏

红陶。口沿饰由弧边三角和弧线构成的勾叶纹。

彩陶钵

仰韶中期

运城市夏县西阴村遗址出土

口径18.5、底径7.6、高8.8厘米

山西省考古研究院藏

红陶。尖圆唇，敛口，口沿处有一周窄黑彩带。烧制时变形。

彩陶钵

仰韶中期

运城市垣曲县下马遗址出土

口径 24.5、底径 11.5、高 12.2 厘米

山西省考古研究院藏

红陶。尖圆唇，敛口，口沿处有一周窄黑彩带。

彩陶盆

仰韶中期

运城市夏县西阴村遗址出土

口径 35、腹径 33、底径 14、高 15.3 厘米

运城博物馆藏

红陶。口沿饰由弧边三角和弧线构成的勾叶纹间以圆点纹。

临汾市桃园遗址位于临汾市尧都区贾得乡桃园村东南，面积约 4.6 平方米，西阴文化遗迹以灰坑为主，出土彩陶以黑彩为主，纹饰丰富，以花卉纹最为常见。

花卉纹彩陶瓮

仰韶中期
临汾市尧都区桃园遗址出土
口径 23.5、腹径 37、残高 30 厘米
山西省考古研究院藏

彩陶钵

仰韶中期

临汾市尧都区桃园遗址出土

口径 21.5、底径 9、高 10 厘米

山西省考古研究院藏

彩陶钵

仰韶中期

临汾市尧都区桃园遗址出土

口径 23、残高 8.5 厘米

山西省考古研究院藏

彩陶钵

仰韶中期
临汾市尧都区桃园遗址出土
口径 32.5、底径 12.5、高 15.8 厘米
山西省考古研究院藏

彩陶钵

仰韶中期
临汾市尧都区桃园遗址出土
口径 21.6、底径 6.5、高 10.9 厘米
山西省考古研究院藏

彩陶盆

仰韶中期

临汾市尧都区桃园遗址出土

口径 22.5、底径 12、高 15.5 厘米

山西省考古研究院藏

花卉纹彩陶盆

仰韶中期
临汾市尧都区桃园遗址出土
口径 48、底径 19、高 30 厘米
山西省考古研究院藏

花卉纹彩陶罐

仰韶中期

临汾市尧都区桃园遗址出土

口径 25.4、残高 24 厘米

山西省考古研究院藏

花卉纹彩陶盆

仰韶中期

运城市垣曲县下马遗址出土

口径 26.5、底径 12、高 22 厘米

山西省考古研究院藏

花卉纹彩陶罐

仰韶中期
运城市垣曲县下马遗址出土
口径 14.7、底径 10、高 21.1 厘米
山西博物院藏

彩陶钵

仰韶中期

运城市夏县西阴村遗址出土

口径 23.7、底径 13、高 11 厘米

山西博物院藏

彩陶钵

仰韶中期
运城市夏县西阴村遗址出土
口径 24、高 9.6 厘米
山西博物院藏

　　钵是史前先民的饮食器具，也是西阴文化彩陶中数量最多的一类器形。彩陶钵器型相对规整，纹饰多呈带状施于器物口沿至上腹部。

花瓣纹彩陶盆

仰韶中期

运城市夏县西阴村遗址出土

口径 26.6、高 21 厘米

山西博物院藏

彩陶钵

仰韶中期

临汾市尧都区桃园遗址出土

口径 17.8、底径 8.3、高 8 厘米

山西省考古研究院藏

花瓣纹彩陶钵

仰韶中期

运城市万荣县荆村遗址出土

口径 21.2、底径 7.8、高 10.3 厘米

山西博物院藏

叶片纹彩陶钵

仰韶中期

运城市万荣县荆村遗址出土

口径 22.2、底径 10.4、高 10.5 厘米

山西博物院藏

花卉纹彩陶盆

仰韶中期
临汾市尧都区桃园遗址出土
口径 30、残高 18、最大腹径 35 厘米
山西省考古研究院藏

花卉纹彩陶盆

仰韶中期

临汾市尧都区桃园遗址出土

口径 31、底径 13、高 24.5 厘米

山西省考古研究院藏

花卉纹彩陶盆

仰韶中期

临汾市尧都区桃园遗址出土

口径 32、底径 12、高 21.5 厘米

山西省考古研究院藏

花卉纹彩陶罐

仰韶中期

运城市夏县崔家河遗址出土

口径 32、底径 15.6、高 22.1 厘米

山西博物院藏

花卉纹彩陶罐

仰韶中期

征集

口径 20、底径 10.5、高 19 厘米

山西博物院藏

彩陶瓶

仰韶中期

运城市垣曲县下马遗址出土

口径 4、底径 12、高 36.1 厘米

山西博物院藏

红陶。葫芦形口，弧腹，平底，器侧附环状双耳，腹部以上绘勾叶、弧线三角等图案一周。葫芦口平底瓶是西阴文化的典型陶器，出土数量较多，但多不施彩，类似这样的彩陶葫芦瓶极为罕见。

彩陶盆

仰韶中期

吕梁市方山县采集

口径 36、高 24 厘米

山西博物院藏

彩陶盆

仰韶中期
吕梁市方山县采集
口径 38、高 24 厘米
山西省考古研究院藏

花卉纹彩陶瓮

仰韶中期
临汾市尧都区桃园遗址出土
口径 27、底径 19、高 39 厘米
山西省考古研究院藏

西阴时期彩陶量化统计表

（《考古与文物》2014 年第 5 期　张鹏程《仰韶时代彩陶的量化研究》）

遗址	彩陶	总数	百分比
庙底沟	2254	16082	14.02
案板	1078	344479	3.1
泉护村 2	10494	148952	7.045
白水 G9	185	3236	5.72
李家河	99	1670	5.92
白水 2010	1698	30784	5.52
原子头	110	1504	6.72
福临堡	99	3169	3.12
西山坪	26	315	8.2
大地湾			18.7
固镇	454	2666	17.4
耿壁	93	688	13.5
西阴村 1	1356	18728	7.2
西阴村 2	84	491	17
西坡 H22			10
西坡 H116			6.27
槐林 H8			4
南交口	1223	19140	6.39
古城东关	53	2953	1.8
北橄	86	1401	6.14
王湾			6.15

　　西阴时期彩陶占陶器总数的比例约为4%—8%之间，中值为6.7%。这一时期房址、灰坑、沟等遗迹中的彩陶比例未见明显的差异，从这组数据显示彩陶是当时社会的珍贵之物，生产技术掌握在少数人手里，彩陶多绘制在盆、钵、罐等器物上，并施以磨光等特殊加工技术，圆点、弧线、三角组合的构图形式，呈现出更多的相似性。

彩陶罐

仰韶中期

运城市芮城县金胜庄遗址出土

口径 29、最大腹径 40、高 48 厘米

山西博物院藏

红陶。侈口，圆唇，短颈，宽肩，上腹突出，下腹内收，小平底，上腹部以黑彩绘以弧线和圆点等组成的花卉图案。

彩陶壶

仰韶中期

运城市垣曲县下马遗址出土

口径 3.8、最大腹径 20.6、底径 11.8、高 31.2 厘米

山西博物院藏

红陶。葫芦口，束颈，溜肩，弧腹平底，附半圆形单耳，肩部饰黑彩弧线三角红圈点花纹。

彩陶罐

仰韶中期

运城市垣曲县下马遗址出土

口径 24.6、腹径 46、底径 17.6、高 34.5 厘米

山西博物院藏

西阴文化时期，晋南地区坚持半坡文化时期的北方旱作农业中种植粟、黍的传统，但是这个时候粟已经取代黍成为主要农作物。农业生产工具方面，从半坡文化时期以斧为主要生产工具变为以铲、锄等为主，刀、镰类收割工具所占比重增加，标志着农业生产已经进入了较为成熟的阶段。

西阴农业是很发达的，西阴先民们使用不同种类的生产工具，用石斧砍树，用石铲翻地或者挖取食物，用石刀收割庄稼。这个时期，生活在黄河中游的西阴人种植的农作物主要是粟和黍；他们辛苦耕作使粮食出现剩余成为可能，开始用瓮形罐来储藏粮食。

长 9.2、宽 6.8 厘米

长 14.7、宽 6 厘米

长 14、宽 4.8 厘米

长 12、宽 6 厘米

长 17、宽 6.8 厘米

石 斧

仰韶中期

运城市垣曲县苗圃遗址出土

山西省考古研究院藏

石斧是古代先民普遍使用的一种砍伐性生产工具。大都取材于砾石，一般比较厚重，制作方法有打制、磨制和琢制，以磨制的数量居多。石斧平面多呈梯形或长方形，横断面为圆角长方形或扁圆形，多为双面刃，有些钻琢有孔，一端装横柄。

运城市夏县西阴村遗址出土
长 12.2、宽 6.6 厘米

运城市垣曲县苗圃遗址出土
长 7.7、宽 4.4 厘米

运城市垣曲县苗圃遗址出土
长 10、宽 9.6 厘米

运城市垣曲县苗圃遗址出土
残长 16、宽 17 厘米

石 铲

仰韶中期

山西省考古研究院藏

　　石铲是远古时代一种直插式的石质翻土工具。呈梯形或长方形，体扁薄，刃锋利，多磨制，以圆弧刃或平刃为多，也有尖圆刃的。一般器形较大，也有形体较小的，用于翻土、松土、除草、挖窖穴、开沟渠。

长 9、宽 4.4 厘米　　　　　　　　　长 9、宽 5 厘米

长 8.8、宽 5 厘米　　　　　　　　　长 9、宽 5 厘米

残长 4.7、宽 4 厘米　　　　　　　　长 8.5、宽 3.5 厘米

石　刀

仰韶中期

运城市垣曲县苗圃遗址出土

山西省考古研究院藏

　　石刀属于磨制石器的一种。刀体扁平，呈长方形或半月形，通体磨光，一面有刃。近刀背部分多有钻孔，可以绑缚附加物作为切割、刮削的工具。石刀是在打制石器和刮削器等的基础上发展起来的。

长 7.8、宽 3.7 厘米

长 10.5、宽 4.5 厘米

石 锛

仰韶中期

运城市垣曲县苗圃遗址出土

山西省考古研究院藏

石磨盘

仰韶中期

运城市夏县西阴遗址出土

残长 19 厘米

山西省考古研究院藏

石磨盘

仰韶中期

运城市夏县西阴遗址出土

残长 29.5 厘米

山西省考古研究院藏

石磨棒

仰韶中期

运城市垣曲县苗圃遗址出土

残长 11 厘米

山西省考古研究院藏

石 杵

仰韶中期

运城市垣曲县苗圃遗址出土

长 10、宽 6 厘米

山西省考古研究院藏

陶　饰

仰韶中期

运城市垣曲县苗圃遗址出土

直径 6 厘米

山西省考古研究院藏

陶　球

仰韶中期

运城市夏县西阴遗址出土

直径 5 厘米

山西省考古研究院藏

陶球在西阴遗址中出土数量较多，烧制火候较低，一般为红陶或红褐陶，圆形或椭圆形，个体大小相差悬殊，多素面，少量器表有螺旋状凹坑。

直径 6 厘米

直径 4 厘米

直径 3 厘米

直径 4 厘米

直径 5 厘米

直径 5.6 厘米

石　球

仰韶中期
运城市垣曲县苗圃遗址出土
山西省考古研究院藏

磨 石

仰韶中期
运城市垣曲县苗圃遗址出土
长 5.5、宽 2 厘米
山西省考古研究院藏

长 5、宽 2 厘米

长 2、宽 1 厘米

长 4、宽 1.5 厘米

石 镞

仰韶中期

运城市垣曲县苗圃遗址出土

山西省考古研究院藏

　　箭镞多石质、骨质、铜质和铁质，安装在箭杆前端的锋刃部分，是配合弓箭进行远程射击的工具。箭镞主要由尖锋、翼组成，或有插入箭杆的铤、容纳箭杆的銎。

鹿　角

仰韶中期
运城市垣曲县苗圃遗址出土
残长 30.5 厘米
山西省考古研究院藏

陶 瓮

仰韶中期

运城市夏县西阴遗址出土

口径 22.4、肩径 36、残高 29.8 厘米

运城博物馆藏

灰陶。厚圆唇，敛口，鼓肩，收腹，素面，磨光。

红陶瓮

仰韶中期

运城市夏县西阴村采集

口径 19.8、底径 15、高 26.2 厘米

运城博物馆藏

红陶。厚圆唇，敛口，鼓肩，收腹，素面，磨光。西阴村遗址发现的陶瓮以灰陶为主，红陶、红褐陶偶见。

陶　罐

仰韶中期

运城市夏县西阴村采集

口径 20、底径 10.8、高 20 厘米

运城博物馆藏

灰陶。圆唇，沿面内凹，浅腹上鼓，下腹急收，平底，素面。

陶 罐

仰韶中期
运城市夏县西阴遗址出土
口径 23.5、底径 10.7、高 18.5 厘米
山西省考古研究院藏

灰陶，局部泛红褐色。圆唇，卷沿，深腹中鼓，腹径大于口径，平底，磨光程度较高。

陶　罐

仰韶中期

运城市夏县西阴遗址出土

口径 14.5、肩径 27、底径 14、高 26 厘米

山西省考古研究院藏

灰陶，局部略泛褐色。尖唇，卷沿，鼓肩，收腹，磨光。

陶　罐

仰韶中期

运城市夏县西阴遗址出土

口径 28、底径 18、高 42 厘米

山西省考古研究院藏

灰陶。圆唇，卷沿，溜肩，深腹，平底，通体饰散乱线纹。烧制过程中变形。

蚌 环

仰韶中期
运城市垣曲县苗圃遗址出土
残长 4 厘米
山西省考古研究院藏

蚌 环

仰韶中期
运城市垣曲县苗圃遗址出土
残长 4 厘米
山西省考古研究院藏

　　西阴人用各种装饰品来打扮自己。他们制作了石环和陶环戴在手腕上或者挂在耳朵上,将蚌壳和兽牙用绳子穿起来挂在脖子上,还用动物的骨头做成笄,用来盘住长长的头发。在西阴遗址出土的文物中,陶环出土数量很多。装饰品的使用者主要是女性。

骨簪

仰韶中期

运城市垣曲县苗圃遗址出土

长 10 厘米

山西省考古研究院藏

骨簪为束发用器，系用动物肢骨磨制而成，圆杆状，一头呈尖锥状。

骨簪

仰韶中期

运城市垣曲县苗圃遗址出土

残长 11 厘米

山西省考古研究院藏

残长 4.5 厘米

残长 6 厘米

残长 4.8 厘米

陶 环

仰韶中期
运城市垣曲县苗圃遗址出土
山西省考古研究院藏

豫晋陕交界地自古就是华夏文明的发源地之一,尤其是新石器时代遗址密布,环饰资料也最为丰富。环饰最早出现于仰韶文化早期,仰韶文化中后期比较流行,并持续繁荣到庙底沟二期文化阶段。到了以王湾三期为代表的龙山文化阶段,环饰,特别是曾经非常流行的陶环开始衰退,无论数量还是种类都开始减少。进入二里头和二里冈文化时期,陶环、石环虽仍有出土,但已不是装饰品的主流,而到殷墟时期陶环则几乎看不到了。

石　环

仰韶中期

运城市垣曲县苗圃遗址出土

残长 7 厘米

山西省考古研究院藏

骨　锥

仰韶中期

运城市垣曲县苗圃遗址出土

残长 6 厘米

山西省考古研究院藏

骨　锥

仰韶中期

运城市垣曲县苗圃遗址出土

残长 4.3 厘米

山西省考古研究院藏

骨　器

仰韶中期

运城市垣曲县苗圃遗址出土

长 11 厘米

山西省考古研究院藏

玉　片

仰韶中期

运城市垣曲县苗圃遗址出土

残长 6 厘米

山西省考古研究院藏

文明曙光　源发西阴

西阴文化时期，在东到大海、西达甘青、南至长江、北抵阴山的广袤区域，西阴文化与周边同期文化不断碰撞、融合，在中华大地上形成了以晋陕豫交界区为中心的『重瓣花朵』式早期中国文化格局。苏秉琦先生曾用『华山玫瑰燕山龙』的诗句来描绘西阴时代的重要文化现象。西阴作为文化融合的时代，兼容并蓄，激昂江河，千年文明，由此而生……

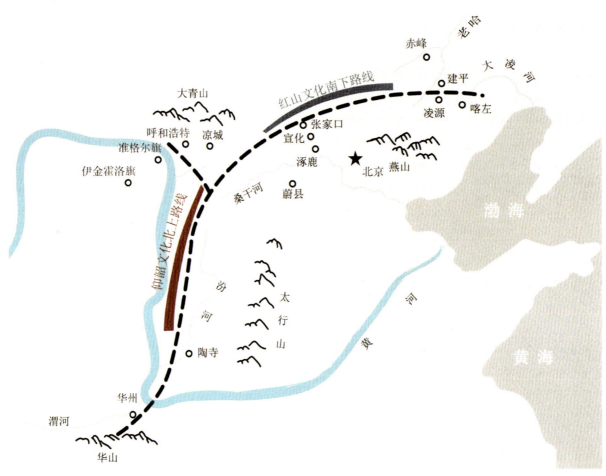

苏秉琦先生"Y"字形文化带

　　"Y"字形文化带是从关中东部起，由渭河入黄河，经汾河通山西全境，在晋北向西与内蒙古河套相接，向东北经桑干河与冀西北并向东北与辽西相接，形成的一个文化交流带。华山脚下的仰韶文化与燕山以北的红山文化就是通过这条通道交流撞击的，这是中国文化史上最活跃的大熔炉，也是中国文化史总根系中的重要根系。

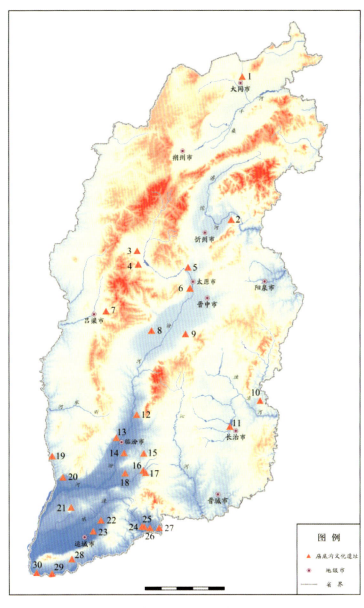

山西地区已发掘西阴文化遗址位置示意图

01. 大同马家小村	02. 定襄青石	03. 岚县荆峪堡	04. 娄烦童子崖	05. 太原镇城	06. 太原义井
07. 离石德岗	08. 汾阳杏花村	09. 祁县梁村	10. 黎城东阳关	11. 长治小神	12. 洪洞耿壁
13. 临汾高堆	14. 临汾桃园	15. 浮山南西河	16. 翼城枣园	17. 翼城北撖	18. 曲沃曲村
19. 吉县沟堡	20. 河津固镇	21. 万荣荆村	22. 夏县西阴	23. 夏县师村	24. 垣曲上亳
25. 垣曲宁家坡	26. 垣曲东关	27. 垣曲下马	28. 芮城寺里—坡头	29. 芮城东庄	30. 芮城西王村

　　晋西南地区大体以吕梁山、太岳山和中条山为屏蔽，其间以峨嵋岭为界分为南部的运城盆地和北部的临汾盆地。西阴村遗址位于运城盆地，这一地区与西阴文化有关的遗址还有翼城枣园遗址、翼城北撖遗址、垣曲古城东关一期遗存、芮城东庄遗址、夏县师村遗址、夏县辕村遗址、垣曲下马遗址、垣曲宁家坡遗址、河津固镇遗址和洪洞耿壁遗址等。

翼城枣园遗址

　　山西已确认的最早新石器文化是距今 7000 年前的枣园文化。这一文化发现于翼城县枣园村，主要分布在晋南和陕晋豫交界地带，是西阴文化的重要来源。从枣园到西阴，西阴文化在晋南以顽强的生命力兼容并蓄，迅速崛起并向四周辐射。

陶　钵

仰韶早期

临汾市翼城枣园遗址出土

口径 16.4、底径 8.4、高 6.4 厘米

山西省考古研究院藏

灰陶。尖圆唇，敞口，假圈足，外表有红色斑块。

陶三足盂

仰韶早期

临汾市翼城枣园遗址出土

口径 8、残高 5.2 厘米

山西省考古研究院藏

红陶。尖圆唇，平折沿，折腹，最大径在下腹部，底残，器表磨光。从器物底部清晰的两处圆形小足脱落痕迹可知器型为三足盂。

陶 搓

仰韶早期

临汾市翼城枣园遗址出土

残长 9、宽 3 厘米

山西省考古研究院藏

红陶。首部近似柳叶形，通体用谷类颗粒压制出许多小凹坑。

枣园H1遗存晚期与半坡文化早期同时，而西阴文化的早期年代与半坡文化晚期"史家类型"相当。因此，西阴文化起源于晋南，来源于枣园H1遗存。枣园遗址受半坡文化的影响发展成为西阴文化，但半坡文化的影响是次要的，不占主要地位。——田建文《晋南地区新石器时期考古学文化的新认识》

陶　瓮

仰韶早期
临汾市翼城枣园遗址出土
口径 18.4、底径 7.1、高 20.4 厘米
山西省考古研究院藏

陶　钵

仰韶早期
临汾市翼城枣园遗址出土
口径 18.3、底径 5.3、高 6.3 厘米
山西省考古研究院藏

陶　钵

仰韶早期
临汾市翼城枣园遗址出土
口径 24、底径 6.8、高 10.1 厘米
山西省考古研究院藏

陶　钵

仰韶早期

临汾市翼城枣园遗址出土

口径 30.9、底径 7.7、高 12.4 厘米

山西省考古研究院藏

陶　钵

仰韶早期

临汾市翼城枣园遗址出土

口径 35.7、底径 7.5、高 15 厘米

山西省考古研究院藏

陶　钵

仰韶早期

运城市垣曲县宁家坡遗址出土

口径 17.2、底径 7、高 9.3 厘米

山西省考古研究院藏

器　座

仰韶早期

临汾市翼城枣园遗址出土

直径 7、高 2.9 厘米

山西省考古研究院藏

器　座

仰韶早期

临汾市翼城枣园遗址出土

直径 6.8、高 2.8 厘米

山西省考古研究院藏

器　座

仰韶早期
临汾市翼城枣园遗址出土
直径 9.2、高 4.4 厘米
山西省考古研究院藏

器　座

仰韶早期
临汾市翼城枣园遗址出土
直径 6.2、高 2.5 厘米
山西省考古研究院藏

陶　鼎

仰韶早期

运城市垣曲县古城东关遗址出土

口径 15.6、高 21.9 厘米

运城博物馆藏

灰黑陶。陶胎内含碎云母片，器内呈黑色，器表磨光。微侈口，斜沿尖唇，垂腹，圜底，圆锥足。东关一期遗存主要属枣园文化晚期，这件陶鼎最迟距今 6400 年左右。

环状口小平底瓶

泥质红陶，斜沿，尖唇，唇面微鼓，环状口，口径小于底径，器底有明显的植物碎屑痕迹。素面，磨光。

宽沿瘦腹罐

加砂红陶，宽沿，方唇，瘦腹，腹略鼓，近底部略曲收，平底。器表粗涩，有刮痕，素面。

环状口小平底瓶

泥质红陶，圆唇，内沿下与瓶体相接处有一周凹槽。口径略大于底径，器耳对称地置于下腹部，素面，磨光。

垣曲古城东关遗址一期出土典型文物

垣曲古城东关遗址位于垣曲县古城镇东关的沇西河西岸。东关一期文化距今约 7000 年至 6400 年，是目前为止运城发现年代最早的新石器文化之一，有房址、灰坑和壕沟等遗迹，代表器物为小口平底瓶、假圈足钵、蒜头壶、釜形鼎和环形捉手器盖等。

红陶钵

仰韶早期

运城市闻喜县回坑村出土

口径 23、高 10.8 厘米

运城博物馆藏

彩陶盆

仰韶早期

运城市芮城县东庄村采集

口径 37.2、高 17 厘米

运城博物馆藏

红陶。折沿，卷唇，束颈，圆腹，腹底部下缩，圜底，口沿及外腹部饰黑彩，外腹绘两层黑色三角形几何纹。图案随着视中心的转移会产生菱形格、"米"字格和回旋纹的变化。彩陶上的黑彩与棕红色形成对比，器物图案线条优美流畅，体现了制陶者的艺术想象力。

　　东庄类型属仰韶文化早期的区域文化类型，年代为距今约 7000 年至 5900 年，因运城市芮城县东庄村遗址而得名，主要分布于山西南部、河南中西部等地区。西阴文化在此基础上向北扩张至陕北、河套草原和冀西北，向西影响关中地区，向南对豫中南和鄂北产生很大影响。

小口尖底瓶（残）

仰韶早期
运城市芮城县东庄村采集
口径 4、残高 55、腹围 69 厘米
运城博物馆藏

垣曲县下马遗址是山西晋南地区一处西阴文化小型聚落，位于垣曲县城东南黄河北岸下马村北扇形黄土台地之上，面积约 7 万平方米。1957 年、2000 年分别进行发掘，发现有西阴文化房址、泥质红陶尖底瓶残片、红陶罐、夹砂粗红陶片等。

陶　盆

仰韶中期

垣曲县下马遗址出土

口径 27、底径 9.5、高 13 厘米

山西省考古研究院藏

陶 盆

仰韶中期

垣曲县下马遗址出土

口径 24.5、底径 10、高 13 厘米

山西省考古研究院藏

陶 盆

仰韶中期

垣曲县下马遗址出土

口径 18、底径 6.5、高 14 厘米

山西省考古研究院藏

陶　碗

仰韶时期

临汾市襄汾县小陈遗址出土

口径 12.2、底径 7.5、高 6.8 厘米

山西省考古研究院藏

红陶。圆唇，腹壁斜直内收，腹较深，器壁较厚，平底。制作较为粗糙，外壁素面但坑洼不平。

陶　钵

仰韶时期

临汾市襄汾县小陈遗址出土

口径 22、底径 9.5、高 10 厘米

山西省考古研究院藏

红陶。圆唇，口部近直，上腹微鼓，下腹斜直内收，底残，素面。上腹留有手抹痕迹，器表经过磨光处理。

陶 钵

仰韶时期

临汾市襄汾县小陈遗址出土

口径 16、底径 7、高 9.3 厘米

山西省考古研究院藏

红陶。尖唇，上腹外鼓近折，平底，素面。

陶 罐

仰韶时期

临汾市襄汾县小陈遗址出土

口径 9、高 12 厘米

山西省考古研究院藏

红褐陶。方唇，侈口，斜折沿，束颈，鼓腹，平底。

陶 罐

仰韶时期

临汾市襄汾县小陈遗址出土

口径9.4、高10.6厘米

山西省考古研究院藏

红褐陶。尖圆唇，侈口，沿面略斜折，筒腹，平底，素面。器表带按压纹饰。

大约在距今五千年左右，受多种因素影响，西阴文化步入瓦解阶段，盛极一时的西阴文化开始解体，代之而起的是在其分布地区和影响范围内诸考古学文化的群雄并起，中国史前时期的历史进入了距今五千年前后的仰韶时代晚期（距今5500年—4700年），这是另一种模式下文化激荡的年代，各考古学文化的文明因素纷纷涌现，在文化交往层面表现为各考古学文化出现了大迁徙。

结语

西阴文化作为中国文明的滥觞，无疑是史前满天星斗的漫漫长夜里最耀眼的一颗启明星。它在距今约 6000 年前形成，绵延了七八百年，以花卉纹彩陶为传播媒介掀起了中国史前第一次壮阔的文化浪潮，以晋南、豫西和关中平原地区为根据地进行了一次大规模的文化扩张，几乎辐射到了大半个中国；直接导致了在距今 5200 年的西阴时代晚期，以辽河流域为中心的红山文化空前繁荣，人类东方升起了中国古代文明的第一缕曙光。

为了更好守护先民的文化日记，也为了更好地揭开中华文明的起源之谜，需要我们一次次凝视散布在久远历史长河中或具象或抽象的人文印记。这就是位于黄河金三角地带的山西运城，在探索『文化意义上的早期中国』起源与发展问题上的重要地位所在。这就是西阴文化给我们带来的永久动力。坚定文化自信，讲好中国故事，我们将一如既往不忘初心，任重道远砥砺前行！

后记

『与华相宜——晋南西阴文化特展』是由山西省考古研究院、运城市文物保护中心、运城博物馆联合举办的专题展，是『纪念中国考古 100 周年暨西阴遗址发掘 95 周年』系列学术活动之一。展览于 2021 年 9 月 23 日在运城博物馆开展，主要围绕西阴时代晋南地区人们的生活状态、生存环境和能动创造，为观众生动描绘 5000 多年前的社会景象，同时向观众传递晋南西阴文化的发展脉络和历史信度。展览文本内容得到了山西省考古研究院文博研究馆员田建文先生的专业指导和学术把关。

『与华相宜——晋南西阴文化特展』展览及图录得到了吉林大学考古学院、山西博物院、山西省考古研究院、运城市文物保护中心等文博单位的鼎力支持。

在此，谨向对展览开展及图录出版给予殷切关怀的各级领导、提供无私帮助的文博单位、付出辛勤劳动的专家学者和工作人员表示诚挚感谢。

图书在版编目（CIP）数据

与华相宜：晋南西阴文化 / 运城博物馆编．--
太原 ：三晋出版社，2021.12
ISBN 978-7-5457-2418-9

Ⅰ．①与… Ⅱ．①运… Ⅲ．①仰韶文化—文化遗址—
夏县—图集 Ⅳ．① K871.132

中国版本图书馆 CIP 数据核字（2021）第 267734 号

与华相宜——晋南西阴文化

编 　 者：	运城博物馆
责任编辑：	解 　 瑞

出 版 者：	山西出版传媒集团
	三晋出版社（山西古籍出版社有限责任公司）
地 　 址：	太原市建设南路 21 号
电 　 话：	0351—4956036（总编室）
	0351—4922203（印制部）
网 　 址：	http://www.sjcbs.cn

经 销 者：	新华书店
承 印 者：	运城市凤凰丰彩印刷有限公司

开 　 本：	889mm×1194mm　1/16
印 　 张：	7.5
字 　 数：	150 千字
印 　 数：	1-1000 册
版 　 次：	2021 年 12 月　第 1 版
印 　 次：	2021 年 12 月　第 1 次印刷
书 　 号：	ISBN 978-7-5457-2418-9
定 　 价：	186.00 元

ISBN 978-7-5457-2418-9

9 787545 724189 >

如有印装质量问题，请与本社发行部联系　电话：0351—4922268

后记

『与华相宜——晋南西阴文化特展』是由山西省考古研究院、运城市文物保护中心、运城博物馆联合举办的专题展，是『纪念中国考古 100 周年暨西阴遗址发掘 95 周年』系列学术活动之一。展览于 2021 年 9 月 23 日在运城博物馆开展，主要围绕西阴时代晋南地区人们的生活状态、生存环境和能动创造，为观众生动描绘 5000 多年前的社会景象，同时向观众传递晋南西阴文化的发展脉络和历史信度。展览文本内容得到了山西省考古研究院文博研究馆员田建文先生的专业指导和学术把关。

『与华相宜——晋南西阴文化特展』展览及图录得到了吉林大学考古学院、山西博物院、山西省考古研究院、运城市文物保护中心等文博单位的鼎力支持。

在此，谨向对展览开展及图录出版给予殷切关怀的各级领导、提供无私帮助的文博单位、付出辛勤劳动的专家学者和工作人员表示诚挚感谢。

图书在版编目（CIP）数据

与华相宜：晋南西阴文化 / 运城博物馆编．--
太原：三晋出版社，2021.12
ISBN 978-7-5457-2418-9

Ⅰ．①与… Ⅱ．①运… Ⅲ．①仰韶文化—文化遗址—
夏县—图集 Ⅳ．① K871.132

中国版本图书馆 CIP 数据核字(2021)第 267734 号

与华相宜——晋南西阴文化

编　　者：运城博物馆
责任编辑：解　瑞

出 版 者：山西出版传媒集团
　　　　　三晋出版社（山西古籍出版社有限责任公司）
地　　址：太原市建设南路 21 号
电　　话：0351—4956036（总编室）
　　　　　0351—4922203（印制部）
网　　址：http://www.sjcbs.cn

经 销 者：新华书店
承 印 者：运城市凤凰丰彩印刷有限公司

开　　本：889mm×1194mm　1/16
印　　张：7.5
字　　数：150 千字
印　　数：1-1000 册
版　　次：2021 年 12 月　第 1 版
印　　次：2021 年 12 月　第 1 次印刷
书　　号：ISBN 978-7-5457-2418-9
定　　价：186.00 元

如有印装质量问题，请与本社发行部联系　电话：0351—4922268